UNE PAGE

D'HISTOIRE CONTEMPORAINE,

PAR

DEYEUX.

Prix : 50 centimes.

PARIS.

PLON FRÈRES, ÉDITEURS,

RUE DE VAUGIRARD, 36.

1848.

PARIS. — TYPOGRAPHIE PLON FRÈRES, RUE DE VAUGIRARD, 36.

UNE PAGE

D'HISTOIRE CONTEMPORAINE.

Nimiùm ne crede colori.

Deux légitimes despotes ont de tout temps gouverné le monde et le régiront toujours. Ces deux souveraines puissances sont l'estime et le mépris, qui portent leurs jugements de l'index, et ces jugements sont sans appel.

La base de ce tribunal de la terre repose sur une immense pierre de touche qui seule donne le titre vrai des hommes et des choses, immuable et infaillible contrôle qui fait justice de tous les alliages dont la mauvaise foi s'efforce d'infester le monde à l'aide des vils paradoxes qu'elle invente pour excuser le vol, autoriser les rapines, épouvanter la probité. L'impudence est dans la tactique de ses adeptes un moyen de salut : ils demandent donc à monter au Capitole, et, drapés à la romaine, ces faux monnayeurs se déclarent philanthropiquement les sauveurs de l'humanité !

S'il y a des hommes prédestinés au bonheur des

peuples, ceux-là ne prennent jamais un échafaudage pour piédestal : ils ne recherchent point l'éclat ; ils ne montent pas sur des échasses comme les habitants des Landes.

L'abnégation est le type du mérite et de la vertu, et le souffle du mépris suffit pour flétrir les masques, les gobelets et les tréteaux du charlatanisme.

La nature ne se dément jamais dans ce que la création offre de plus pur et produit de plus rare. Car il en est de même du diamant : si vous courez sur la pierre qui brille, vous reconnaissez bien vite avec un sourire de mépris le stras, le gypse, le verre. Le vrai diamant est caché ; sa valeur ne se révèle qu'à l'étude attentive, et ne s'impose jamais aux regards des passants pour les fasciner et les séduire. La vertu conspire dans le silence ; la vanité qui conspire se pose et se mire dans les cascades de Narcisse.

Saint Vincent-de-Paul et La Rochefoucauld ont sauvé la vie aux enfants et aux vieillards ; ils n'ont pas organisé leur apothéose dans les carrefours :

Num tu in triviis indocte solebas ?

L'abbé de L'Épée fit parler les muets ; il se tut. De leur temps, la bienfaisance avait doublé le pas pour devancer les promesses ; à l'état de promesse, le bienfait n'est qu'une chimère très-mythologique.

Les novateurs se pavanent en promettant, s'excusent d'avoir promis, et mentent pour se défendre d'avoir menti. Ils se montrent sous un dais, ils se cachent dans la honte, puis se réfugient dans la colère. Qu'on fouille alors leurs précédents, qu'on interroge leur dossier civique, quel enseignement y trouvera-t-on?

Qu'ils n'avaient point l'habitude d'aimer ni de faire le bien. Alors, si l'impromptu de leurs bienfaits avorte, ils ne regrettent que l'éclat qui devait en rejaillir sur leur individu. Mais, hélas! que promettent-ils souvent? Ils promettent ce qui ne leur appartient pas, ignorant sans doute, dans leur candide innocence, l'aphorisme :

Nemo dat quod non habet.

« Mais non, c'est la passion; mais non, c'est l'amour qui les égare! Ils n'auront pas soupçonné qu'ils excitaient à dépouiller les uns pour revêtir les autres! » Il est alors bien singulier, bien bizarre qu'ayant d'ordinaire le cœur assez étroit pour ne pas chérir, mais du tout! les quelques êtres qui composent leur famille nominale, tout à coup par les dilatations subites d'un anévrisme, ils se sentent battre un cœur assez vaste pour aimer tout le monde à la fois, eux compris!

Mais vraiment si de pareils cœurs servaient d'excuse à de pareils systèmes, mais il n'est pas un voleur qui ne puisse se faire mettre hors de cause et même se faire passer pour un saint en dédiant le produit de ses rapines aux indigents!

Quelqu'un a bien dit, et en parfaite coïncidence :
« La propriété est un vol! » Mais, grâce! on ne
peut mentionner ce dire; ce quelqu'un a volé sa
propre admiration : c'est évident, puisqu'il l'a.

Mais il n'a pas volé le raisonnement, c'est évident, puisqu'il ne l'a pas.

La misère s'adresse au travail sans dicter de
condition, la misère s'adresse à la bienfaisance
sans la maudire, à la société sans la menacer.
Voilà nos mœurs. Mais ici la misère est appelée en
commandite par le socialisme ou le communisme;
j'ignore quel est le premier du nom.

Il y a quelques années, Joseph le changeur fut,
par exemple, assassiné au Palais-Royal.

Supposons que ce crime soit commis aujourd'hui
sous la présidence du socialisme. Le voleur se pré-
tendrait dans son droit; il allèguerait que la pos-
session de cet or par Joseph constitue préalablement
un vol, et que le voleur en second réclame au préalable son droit naturel d'investigation sur le *fas* et
le *nefas* de la propriété première de Joseph, qui aura
d'ailleurs son recours sur l'hôtel des Monnaies, action réservée, d'échelon en échelon, contre l'ex-
traction de la mine citée pour s'entendre dire par
igitur et *ergò* qu'au nom de l'égalité et au titre du
niveau un sol n'a pas le droit de contenir de l'or,
puisque tous les sols n'en renferment pas. Ce pro-
cès, instruit la veille par Charenton, est plaidé le
lendemain par Bicêtre; on appelle par-devant les

bagnes de Toulon, qui déclarent à haute et intelligible voix :

1° Que l'assassin du changeur Joseph a bien mérité de la patrie, attendu et considérant qu'on a le droit de reprendre son bien où on le trouve, et que le bien de chacun est le bien de tous;

2° Que l'hôtel des Monnaies doit payer au *minimum*, comme indemnité, une somme au moins égale à tout ce qu'il possède, après quoi il restera à perpétuité sous la surveillance de la haute populace;

3° Que le sol incriminé doit immédiatement faire retour à la masse, attendu que la terre appartient à tout le monde, comme le soleil; en vertu de quoi seront mis à l'ombre tous ceux qui s'opposeraient à ce jugement.

Fait et délibéré pour l'honneur, la plus grande gloire et le plus pur désintéressement du socialisme.

Nos volontaires sont chargés de l'exécution du présent jugement, chacun en ce qui le concerne, s'il reste quelque chose à faire à celui qui ne se présentera que le second.

Hélas! hélas! oui, il y a des malheureux, et ils sont nombreux; il faut les soulager, les secourir; il faut tâcher d'en faire des heureux, mais non pas des voleurs.

— Eh! qui donc peut avoir intérêt à en faire des voleurs? dites-le. — Deux espèces d'hommes :

1° Ceux qui veulent à tout prix se faire un nom quand même ;

2° Ceux qui, repoussés de cette société pour leurs mauvais sentiments à son égard, n'ont qu'une idée fixe, celle de se venger d'elle.

Ces démolisseurs contractent une alliance pour détruire ; quant à créer, ils n'ont rien créé, pas même le communisme.

Suivons les inductions offertes par la nature.

Le castor se trompe-t-il de maison quand il a rivalisé d'industrie pour bâtir la sienne ?

Le ver à soie est-il communiste ? Il est travailleur.

L'abeille travaille, elle n'est pas communiste.

Les bourdons et les frelons ne travaillent pas, ils sont voleurs, et leur vol est toujours précédé d'une certaine éloquence.

C'est l'araignée qui est communiste avec les mouches ; elle bâtit sa toile dans le vide, elle rend le ciel, qu'elle prend à témoin, complice de sa trame. Ici l'action s'exerce par celui qui tend le piége : ceux qui s'y laissent aller mollement doivent y rester et mourir ; mais il est pour d'autres un moyen de salut facile, c'est d'emporter la toile tendue. L'araignée a toutes les tendances du communisme : elle va recommencer plus loin ses manœuvres, c'est le même fil.

Dans les oiseaux, le coucou si éloquent s'en va pondre, au nom du communisme, dans le nid des autres, dont il a dévoré les petits ; car à son titre de communiste il faut en joindre un autre : celui d'oiseau de proie.

Voulez-vous donc retourner à l'état sauvage et supprimer toutes les conquêtes de la civilisation, vivre sans baptême et sans funérailles, faire une gamelle commune pour la vie, une fosse commune pour la mort?

Abdiquons alors la suprématie que Dieu nous accorde, devenons des bêtes, contentons-nous de venir au monde comme un troupeau d'oies ou de canards; nous apporterons tout naturellement en naissant l'éloquence du communisme; prenons notre vol, montons au ciel, nous aurons soin de nous abattre dans un pré qui ne nous appartiendra pas pour le brouter, le tondre et réclamer l'engrais.

Non, je ne fais pas à des travailleurs l'injure de leur supposer ces penchants stupides ; mais je soupçonne à bon droit qu'ils ont été chloroformés par des manipulateurs qui les ont épiés, saisis pendant l'ivresse et entraînés.

S'il en était autrement, il ne resterait qu'une alternative : être mangé par des fous, ou parvenir à temps à leur jeter la camisole.

Tous les convulsionnaires se croient de grands hommes, et leur démence est incurable en raison de ce triple égarement du cœur, des sens et de l'esprit.

Mais supposez que la mort suive l'accès de ces malheureux aliénés.

Tournez-vous vers leurs assassins, car ce sont de véritables criminels qui ont brûlé la cervelle de ces braves gens, vous entendrez ces affreux prestidigitateurs vous dire :

« Eh que m'importe! ils m'ont fourni ce qu'ils » devaient me fournir, l'instrument du travail pour » ériger ma réputation ; désormais je vivrai dans » l'histoire ! » Oui, comme Érostrate.

Il ne faut pas être un Argus pour reconnaître ces embaucheurs, ils affrontent tout, rien ne les arrête ; ils feraient couler des flots de sang pour servir leur ambition frénétique ou pour assouvir leur vengeance inextinguible.

Des malheureux ? il y en a de deux espèces : ceux qui, poursuivis par le sort, se retournent pour le combattre, roulent sur lui dans la lutte, et qui, fatigués, épuisés, se retrouvent dessous dans cet affreux pugilat et subissent les conséquences du vaincu. Honneur à leur défaite ; courons pour les relever et les venger. Quand la cause est commune, c'est l'honneur qui la proclame, cette cause est celle de l'humanité.

Mais il en est qui ne doivent leurs maux qu'à eux-mêmes, et qui les attribuent sottement ou frauduleusement à la société qu'ils devraient aimer et qu'ils exècrent ; ils ne sont mécontents d'elle que parce qu'ils sont mécontents d'eux. Il est des ouvriers qui, le jour de la paye, la dévorent et contractent des dettes pour prolonger les joies d'une débauche fiévreuse. Vous donneriez à ceux-là cent francs au lieu de cinq francs, que vous ne feriez qu'approfondir l'ornière où ils se plaisent à ramper jusqu'à ce qu'ils y soient totalement noyés. A côté d'eux se tient à l'affût un de ces faux philanthropes qui lui crie : « C'est la faute de ton maître, venge-» toi, vengeons-nous ; c'est à nous de redresser les » torts de la société, tuons les bergers, nous man-» gerons les moutons ! »

La proposition acceptée, l'orateur ne prend point part à l'action, il va se percher sur un édifice. Là il attend en croassant le moment calculé pour réclamer sans danger la part du lion.

Suivons les phases de la révolution qui éclata en France le 24 février 1848.

Au milieu des courtisans qui proclamaient le roi invincible, ce roi tombe sous un souffle du peuple.

La garde nationale n'aime pas ce gouvernement.

L'armée n'aime pas la guerre civile.

Un seul écho, un seul cri : Vive le peuple ! vive l'armée ! vive la garde nationale !

Les enfants du peuple forment une garde mobile.

Les enfants du peuple forment la garde républicaine.

Pas un homme du peuple, pas un soldat, pas un bourgeois ne fait obstacle, il ne se manifeste pas l'ombre d'une dissidence.

On dit : République !

Ceux qui l'aiment s'écrient : Oui ! République ; les

autres ne disent pas non, dominés par deux pensées simultanées.

La première? Quelques hommes ont-ils bien le droit de trancher d'un houra sur la forme d'un gouvernement, au lieu et place de toute une nation?

La seconde? Point de conflits! Nous ne sommes pas dans une assemblée délibérante ; nous sommes dans la rue! Il s'agit de prévenir l'effusion du sang!

A travers cette disposition des esprits, s'élancent quelques sectaires ambitieux et impies, amis d'eux-mêmes, ennemis de tout le reste.

Au lieu de s'offrir à la société avec les formes que le plus séducteur même sait qu'il faut encore prendre pour se faire aimer, ils empruntent les torches de Tisiphone, les marottes de la Folie, la voix de Stentor, puis ils vont par les chemins s'écrier : *Je suis l'Amour*. Ils n'en avaient que le bandeau! Devant cette étrange et burlesque apparition, le spectateur s'arrête et songe ; la Liberté se voile ; la France recule. Puis, pour dissiper peut-être quelques réflexions pénibles, elle ouvre un livre, ce livre est le livre de l'histoire ; la France frémit.

Ah! elle hésite, ah! elle se donne les airs de délibérer! s'écrient sur tous les tons du dithyrambe les hérauts d'armes costumés comme les Romains qui escortent le bœuf gras. Eh bien, il faut l'intimider, l'effrayer, la terrifier, l'épouvanter. Bizarre prétention, vraiment, singulière homœopathie! Est-il bien possible! et ne dit-on pas en France ce qu'on disait à Venise :

Du courage à Venise... et qui donc n'en a pas?

Les hérauts se retirent dans un concert monstre. La répétition terminée, ils reprennent leur essor et chantent sur tous les tons de la gamme : Réaction, réaction, réaction!!! Mais oui; oui sans doute; les mœurs, plus que vous, sont de la veille, vous voulez me faire prendre de force un remède violent, je deviens réactionnaire...

Vous voulez pour mon bonheur m'attacher au cou un talisman, mais vous m'étranglez, je suis réactionnaire!... Contre l'exaction, réaction!

L'attaque est une exaction; la défense une réaction... Comment ne savez-vous pas que le seul mode qui puisse réussir est la persuasion? Du haut en bas de l'échelle sociale la nature des choses humaines le dit, le prouve, le proclame. Il faut vous parler mythologie, car vous êtes fabuleux, vous portez la barbe et la tête comme Jupiter. Les dieux sentaient bien en ces temps-là qu'ils n'obtiendraient rien par violence. Le premier de l'emploi prit la forme d'un cygne pour s'insinuer. Sans cette précaution préalable, évidemment Léda, qui semble avoir pris part à l'action divine, eût été inhumainement réactionnaire.

On ne se fait pas aimer de force. Qu'importe, et vous voilà furieux !

La fureur naquit de l'amour-propre humilié ; la fureur lève des recrues auxiliaires parmi les roués qui sont toujours aux aguets ; la fureur crie aux armes, et elle tire sur ses troupes. Que fallait-il, à son gré, détruire en juin ? L'armée, la garde, et, surtout, les bourgeois.

Comment ? les fils du peuple, qui ont formé hier, au nom de la République, la garde républicaine ! Oui, oui, ceux-là mêmes, il faut les anéantir. Il faut surtout viser à la tempe les bourgeois. Mais c'est incompréhensible ; mais, du moins, sous quel prétexte ? *Au nom de la fraternité !* — Ah ! c'est différent. — *Certainement !* nous n'avons dit fraternité que parce que tout est commun entre frères ; qui dit fraternité dit égalité. Nous voulons immédiatement partir de front en fraternité et en égalité. Nous ne possédons pas, nous allons prendre à ceux qui possèdent.

Considérez qu'il en est beaucoup qui gagnaient moins que vous et qui possèdent, parce qu'ils se sont privés et qu'ils ont épargné moins encore que vous n'avez dissipé. Arrière ce beau langage ! Nous avons la liberté !

— Mais, si c'est ainsi que vous comprenez dans l'application la fraternité, l'égalité et la liberté, vous n'êtes, en réalité, pas autre chose que des voleurs !

— Non, nous avons dans nos rangs des Démosthènes qui vous prouveront que nous avons pour nous le droit naturel.

— Droit naturel pour les animaux : le chien vole un os qu'un chien lui prend, qu'un autre reprend jusqu'à ce qu'un loup mange le chien. Mais nous ne sommes pas des chiens, nous ne sommes pas des loups; nous sommes des hommes, et des hommes qui ne sont plus à l'état primitif et sauvage, des hommes de la civilisation!

Inutile raison! la société est attaquée, ceux qui voulaient l'anéantir échouent dans leur atroce tentative; mais, grand Dieu! eussent-ils un moment réussi, grâce à de *criminelles intelligences*, qu'il eût fallu escompter pied à pied cette prétendue victoire, et présumablement l'expier.

Il n'y a pas de lâches en France.

La poule timide défend elle-même ses poussins; l'abeille défend sa ruche, et l'on ne bat pas le coq sur son fumier. Quant à l'homme, il peut perdre la vie, il ne perd pas son nom.

Quand la fumée du combat est entièrement dissipée, la pénombre permet de reconnaître l'excuse des hommes égarés, et la haine opiniâtre de quelques fauteurs affublés, ce jour-là, d'un masque républicain; ils se battaient, ou mieux ils faisaient battre les autres pour se décorer à leur façon, pour s'enrichir à leur manière. Bon nombre cumulaient les deux profits. Fidèles à leurs traditions, ils de-

meurent à la disposition de ceux qui tenteraient
de les employer au comptant pour ou contre la République. Le jour où quelqu'un cesse de les payer,
ils passent au service corporel d'un autre comme
les filles entretenues, et colportent ainsi le virus de
leur alliance sans trop discuter pour l'instant le
tarif et les heures de travail.

Croyez-vous que ces industriels soient des républicains? ils sont les ennemis de la République quand
la société est républicaine, comme ils sont les ennemis de la monarchie quand la société est monar-
chique ; ce sont les ennemis jurés et acharnés de la
société. Ah ! si ces gens-là étaient des républicains !
mais l'univers entier serait réactionnaire... Honte
à qui ne le serait pas !

Savez-vous bien ce que c'est qu'un républicain
digne de porter ce nom ?

C'est un homme qui, même aux abois, croit ne plus
manquer de rien au monde dès qu'il entend le progrès
des âges proclamer la République. Sous le drapeau
de l'équité, il lui semble qu'il vivrait de l'air qu'il
respire. Lui, pleurer? Ah! de joie. Lui, se plaindre? — De n'avoir qu'un cœur et deux poumons.
Lui, prendre? Oui, la main de tous les honnêtes
gens. Lui, haïr? Oui, tous les fourbes. Lui, anéantir? Oui, tous les reptiles, et si l'on vient lui dire :
Mais tu ne manquais pourtant pas de liberté? —
il vous dira : C'est possible, mais je n'en avais pas
assez, j'étais toujours oppressé quand je voyais

tant d'infirmités prétentieuses, tant de nullités ré-
putées utiles, tant de fadaises vaniteuses décorées
d'une admiration factice et d'un esprit de conven-
tion si nauséabonde. La monarchie est un kaléido-
scope pour moi. — Et si par hasard tu venais à
voir tes héros s'entortiller fastueusement dans les
mêmes langes? — Ah! je rougirais! Ah! je fuirais!
Ah! j'en mourrais!....

Voilà le républicain; il faut qu'il honore, il faut
qu'il estime pour qu'il aime; il faut, pour qu'il vive,
que l'air et l'honneur soient purs au même titre;
ce n'est jamais lui qui n'est pas digne de son époque, c'est quelquefois son époque qui n'est pas
digne de lui.

La loi de nature veut qu'il soit de deux essen-
ces : l'une physique, l'autre morale. Il ne faut qu'un
nom en français pour le peindre, il est *républicain*, mais il en faut deux dans une autre langue :
homo et *vir*. Son cœur, antipathique à la haine,
est trempé pour l'amitié; il aime, mais jusqu'à ce
qu'on le trompe. Là, tout compte est réglé; là,
sont les colonnes d'Hercule. Son esprit est bienveil-
lant pour les hommes, mais ce n'est pas toujours
assez pour eux. Il n'est ni caressant ni flatteur; il
n'est pas recherché; on le pleure dès qu'il est mort,
les uns, parce qu'ils ignoraient qu'ils l'aimassent;
les autres; parce que l'estime les conduit à la dou-
leur par le chemin du remords, car l'homme peut
refuser son amitié à l'homme, mais il ne peut refu-

ser son estime ; elle n'appartient pas à celui qui l'accorde. Celui-là ne fait que payer honnêtement une dette d'honneur, elle appartient par droit de conquête à celui qui la prend. *Stupete, gentes !* C'est là, là seulement, qu'on peut prendre la chose d'autrui sans lui nuire.

Le vrai républicain chérit la presse, ce télégraphe aux mille bras qui répand et propage les idées, supprime la distance et place tout l'univers à portée de la voix ; mais, en saluant cette puissance à l'égal de la poudre et de la vapeur, il veut, pour la sûreté des mondes, que la presse soit contenue dans de sages limites, puisque d'une seule explosion elle peut incendier le globe.

La presse est une arène terrible ; que de maladroits vous blessent et se blessent eux-mêmes avec les armes qu'ils ne savent pas manier ! que de braconniers sans port d'armes s'embuscadent pour détruire avec des armes prohibées !

Il n'y aurait pas d'armées sans discipline. Les degrés de responsabilité sont marqués dans toutes les charges et dans toutes les fonctions de l'ordre civil et militaire. Au barreau, le bâtonnier admoneste l'avocat qui s'égare dans une fausse route.

La chambre des notaires et des avoués rend solidaire l'honneur collectif de tous ses membres.

En est-il ainsi dans la presse ? Non.

Et, tandis que chacun en France doit fournir ses preuves et conquérir ses grades, celui qui n'a pas été jugé digne d'être admis, celui qui s'est vu repoussé dans les concours, après avoir échoué de nouveau en portant ses œuvres au libraire ou au théâtre, se fait *de plano* journaliste; il se couronne souverain. La hiérarchie qui régit tous ses contemporains n'existe plus pour lui, il prend barre sur tout le monde, et souvent il se tient en secret ce langage : Me voilà donc une puissance ! Je vais donc me venger !

La presse fait mouvoir son empreinte sur des masses ignorantes et crédules qui restent souvent imbues d'une couleur indélébile.

On peut dire de la presse ce qu'Ésope disait de la langue : « Il n'y a rien de meilleur et rien de pis. »

Contemplez les gens qui commandent les manœuvres de la presse :

L'un prétend qu'on n'a malheureusement pas tué assez de bourgeois.

Celui-ci vous assure, la veille même du jour où l'armée sauve le pays, qu'*il ne faut plus d'armée en France*. Il ne faut que des idées, et lui qui vous parle tire quarante idées à la minute (sans compter les sentiments).

N'avez-vous pas conservé le triste souvenir du temps où la même bouche subventionnée soufflait, d'une heure à l'autre, le froid et le chaud, le pour et le contre ? Eh bien ! tout publiciste est très-naturellement subventionné par ses passions ; une monnaie n'est pas plus pure que l'autre. Ce n'est pas là de bon argent, l'un est vil et l'autre est fulminant.

La république proclamée, la paix faite, déchargez les armes.

Serait-ce que par hasard des journalistes illuminés par leur prétendu mérite s'imagineraient qu'on ne peut avoir d'idées sans leurs idées, de sentiments sans leurs sentiments, de cocarde sans leur cocarde? cette suprématie constituerait vraiment un nouveau genre de droit divin. Qu'ils nous entretiennent des sciences, des arts, de la librairie, des théâtres, de l'architecture, de la peinture, d'agriculture, de chimie, de physique, de minéralogie, de mécanique, de mathématiques et de mille autres sujets. Qu'ils traitent la politique générale et spéciale dans un article de fond; mais, pour Dieu et pour la France, qu'ils cessent de jouer quotidiennement avec le feu; ils feront des malheurs.

Qu'ils cessent d'outrager les hommes qu'ils n'aiment pas, de travestir les efforts et de ridiculiser le mérite de l'Assemblée, qui pèse, attentive, les intérêts de la nation; qu'ils cessent d'invoquer le partage, le pillage et la mort des gens, et de prédire des désastres comme Cœleno; qu'ils rentrent dans le juste et dans le vrai; de même enfin qu'on n'a pas le droit de porter l'épaulette quand on n'est pas officier, de même qu'on n'a pas le droit de plaider au Palais quand on n'est pas avocat, de même qu'on n'a pas le droit de dire la messe quand on n'est pas ordonné prêtre, que le premier venu ne puisse donc pas, à son caprice, exercer le sacerdoce de la presse. Qu'il ne le puisse pas avant que tout le chœur de tous ses collègues, tous solidaires, ne lui ait chanté le *dignus es intrare.*

L'homme sincèrement républicain ne doit pas vouloir que la presse continue à faire jouer ses cylindres et ses manivelles sur la République, j'aimerais autant laisser jouer en permanence la pompe dont les insurgés se servaient pour lancer du vitriol sur les édifices afin de les rendre inflammables.

Je l'aimerais autant, pompe pour pompe, homme pour homme et vitriol pour vitriol, assez! trop! ou quelque misérable en progrès encore voudra lancer sa bave hydraulique jusqu'au ciel pour outrager la Divinité, et vous le verrez se prévaloir de ce qu'il a du front et de ce qu'il est borgne afin de passer pour un Titan.

Ne voulez-vous pas de la République? laissez à la presse ses licences illimitées. Mais jugez donc!

Un homme fabrique un faux billet de banque qui, pour quelqu'un, suscite une perte de mille francs, vous condamnez à mort le faussaire.

Un homme fabrique une calomnie qui suscite le désespoir ou la mort peut-être, et c'est à l'abri littéraire de l'impunité qu'il commettra ce crime, une fois, cent fois, mille fois!

Un bourgeois est propriétaire, il est bien sûr de posséder ces deux qualités sans les avoir volées. Sa mémoire vient d'être rafraîchie tout récemment, puisqu'en sa qualité de bourgeois il méritait d'être tué, et qu'en son nom de propriétaire on se proposait de le dépouiller. Eh bien, ce propriétaire, il ne peut mettre un pot sur sa fenêtre, attendu et considérant que ce pot pourrait tomber sur les passants ; il n'a pas le droit de toucher une pierre, un bois de sa propre maison sans qu'à raison de l'agrément et de la sûreté publique, l'autorité municipale ne lui crie : *Recule ! Avance ! Tu n'iras pas plus loin ! Tu n'iras pas plus haut*, ou tu seras puni. Et la presse, qui le dispute à M. Green, aura le droit de monter par delà les atmosphères, aura le droit de creuser partout des précipices et de miner incessamment le sol qui nous porte ! Mais, fût-elle propriétaire de ce sol, d'où vient que sa propriété, astreinte pour tous à tant de précautions, je dirai presque persécutions, jouirait d'un privilége si dangereux, si redoutable !

Admettons deux aliments, l'un pour le corps et l'autre pour l'esprit ; eh bien ! il me semble que le boulanger ne peut employer impunément de faux poids ; s'il n'a pas le droit de fournir de mauvaise farine, il a, je le soupçonne, encore moins le droit de vendre de l'arsenic pour de la farine, et la presse fera farine de tout grain quand il y en a tant de vénéneux ? Ah ! je demande un conseil de salubrité.

Un quidam qui s'en irait criant dans les rues : Il

faut haïr celui-ci, il faut détester celui-là, voler l'un, tuer l'autre, passerait pour un fou et serait immédiatement arrêté, lui qui n'aura tondu de ce pré que la largeur de sa langue, et la presse s'appropriera de plein droit ce langage et broutera en permanence tout ce pré, sans être même accusée de contrefaçon au profit de ce pauvre fou! Puis elle viendra se plaindre comme une personne naturelle de ce qu'elle s'est luxé le bras en frappant tel particulier ou tel gouvernement qui passait.

La presse a détruit la monarchie, la presse détruira la République; elle nous conduirait, si l'on n'y met bon ordre, à nous entre-tuer dans un temps donné.

Cherchons une comparaison dans nos mœurs.

Deux hommes se haïssent, ils s'évitent; l'éloignement et le silence calment et atténuent leurs ressentiments respectifs, parfois même le silence prolongé finit par guérir la plaie; ils ne pensent plus au mot qui les avait blessés, ils oublient le mauvais procédé qui les avait meurtris : le silence produit ce bienfait.

Mais si l'on prenait à tâche, à forfait de discuter matin et soir, toujours et puis encore, devant eux le pour et le contre de leurs griefs réciproques, ces hommes s'égorgeraient inévitablement, soit : Le duel a lieu, l'honneur est satisfait. Mais si la presse, qui n'est jamais satisfaite, continue, à cheval sur les échos, son feu de guérillas, les témoins du duel

se battront à leur tour , la presse enregistrera la
nouvelle avec des commentaires *de auditu* contre
des commentaires *de visu* et fomentera des querelles de partis. Maintenant des querelles de partis
à la guerre civile, mesurez la distance.

En France , on a généralement de l'esprit , mais
il y a des sots partout, même à l'Académie. Un sot
qui se fait journaliste doit et veut vous montrer de
l'esprit , il ne le peut pas ; qu'est-ce qu'il vous offre alors? Du tempérament! semblable à cet épi-
leptique qui se frappe la poitrine , serre les poings,
hurle en basse-taille et devient pourpre. A demi
calmé, il s'élance sur sa plume, il croit tenir un pin-
ceau, il barbouille une vache Io ou quelque chose de
cet informat; convaincu qu'il vient d'ériger une
statue, il l'admire de manière à faire supposer que
Pygmalion n'aimait pas la sienne. Cette race de
coloristes existe sous le soleil, il faut la daguerréo-
typer.

J'entends répéter : Comment, vous qui avez servi,
vous qui avez chéri la presse, vous l'attaquez !

— Non, je la défends : je veux qu'elle vive !

— Elle se tuera, comme les rois , par abus de
puissance.

— Je l'aime , oui! mais je lui trouve toutes les
conditions du malheur.

— Il faut lui faire accepter celles du bonheur et
de la durée.

Je dis aux publicistes français , à ces hommes

dont le cerveau est constamment chauffé par le cœur ; hommes moralement distingués et si dignes de marcher à la tête de la civilisation ; hommes dont la conscience et la pensée sont deux jumelles, qui ne se servent jamais que de la même plume ; hommes dont le sang bouillonne au nom de la patrie, dont le cœur bat au nom de l'honneur : Je connais l'encre dont vous vous servez, elle est toujours faite pour écrire et souvent pour graver. J'honore jusqu'au bureau qui porte votre main, mais sachez donc que toute la presse est solidaire, la nation française l'est du moins ; or, vous êtes les sentinelles avancées de la nation, par quelle lâche et criminelle condescendance souffrez-vous donc qu'on écrive en France, sur le poteau du licteur, avec du fiel et du sang ? Je vous dénonce à vous-mêmes le papier souillé de ces ordures ; je vous dis que ce papier est destiné à faire des cartouches dont le plomb est moins dangereux que la bourre empoisonnée, non qu'elle puisse blesser un homme, mais elle infecte l'air, et là cette fois le feu même ne purifie pas. Si ces teinturiers deviennent vos collègues, tenez-vous les premiers pour déshonorés, vous ne vous tromperez pas.

Terminons ces quelques lignes par la courte analyse des événements qui ont ensanglanté Paris.

Quelques sicaires de longue main coalisés ont fait une opération de commerce et une règle de société. Ces tacticiens spéculateurs ont égaré quelques ouvriers après les avoir enivrés. Il ne faut pas que le triste reflet de ce hideux mélodrame ternisse l'honneur des ouvriers parisiens, chez qui la scène a été jouée ; avant qu'il ne soit moralement procédé à l'analyse sévère des prédispositions du peuple, de ses mœurs et de son caractère, et sans que l'événement, pour être bien jugé, n'en appelle au peuple à jeun.

Laissons de côté Cartouche et Mandrin, Crispin et Figaro ; écartons quelques anthropophages des bagnes, auxquels il ne manquait qu'une couronne de plumes sur le chef pour figurer de pied en cap de véritables sauvages.

Quant au peuple, il n'a porté que la couronne d'épines : le peuple ne change pas dans un jour. Jugeons-le d'après ses mœurs et ses habitudes de la veille.

A Paris le peuple est aimant et secourable, il ne voit pas un malheur qu'il n'arrive au pas de course et qu'il ne semble dire : A tout mal le remède, c'est moi ! Plus le danger est imminent pour autrui, plus le peuple se précipite sans calcul, sans spéculation, mais par sa naturelle impulsion, son élan spontané n'est jamais arithmétique.

Le peuple de Paris se jette sous les roues pour retirer l'enfant ou le vieillard en péril. Quand l'in-cendie éclate, pour sauver un bourgeois (ce même bourgeois qu'on lui propose d'exécrer), le peuple s'élance téméraire et s'appuie pour ainsi dire dans le vide.. Son cœur supplée à tout, et partout il semble lui suffire pour point d'appui, il ne parlemente pas pour demander l'instrument du travail, il l'improvise quand il s'agit de faire du bien.

Qui peut énumérer le nombre des domestiques pauvres endettés, inquiets sur l'avenir, qui rapportent un diamant perdu et ne veulent être récompensés que par le bonheur de le rapporter!

Compterez-vous, pourrez-vous compter la quantité d'hommes du peuple qui rapportent, haletants et baignés de sueur, un objet de prix tous les jours et presqu'à chaque heure de l'horloge parisienne?

Quand une erreur de compte est commise par un bourgeois à son détriment au profit d'un malheureux qui, une heure et une lieue plus loin, s'en aperçoit, comme il jure cet homme de ce que, selon lui, il faut qu'il retourne sur ses pas, parce que, avant tout, dans son esprit, il faut que chacun ait son compte; et de quel pas il revient!

Que dire, non pas de ce conducteur, non pas de ces cent voituriers, mais de tous les cochers de Paris, qui échinent leurs chevaux (d'ordinaire si ménagés) pour reporter le portefeuille oublié, qui renferme parfois trente et cent mille francs!...

Savez-vous ce qu'il en faut dire? Que souvent ils murmurent quand il faut reporter ce satané portefeuille par trop loin, et qu'ils s'écrient alors avec humeur : Ah! ma foi, tant pis, c'est plus près, je le porterai à la police.

Savez-vous ce qu'il faut dire, c'est qu'il est quelquefois très-difficile de leur faire accepter la légitime récompense qui leur est offerte.

Il en est qui, au-dessus du prix qui paye largement leur corvée, résisteraient à une offre importante.

Mais qu'un riche, *riche à pendre*, tombe dans le fleuve ; immédiatement sauvé par un homme du peuple, il faut voir comme le regard, le front, tout l'homme répond devant la somme qui lui est offerte et sur laquelle on est forcé de fermer sa main. *Ah! je ne l'ai pas fait pour ce motif.*

Voilà les voleurs, voilà les assassins qu'on trouve dans le peuple de Paris. Ce peuple se serait retourné contre les chloroformistes qui l'avaient enivré, il se serait retourné, aux premières lueurs de sa raison revenue, pour défendre le riche et le bourgeois, auxquels il est attaché par les deux liens de la vraie fraternité, qui sont l'honneur et le pays.

Tel est ce peuple de Paris, non de la veille, non du lendemain, mais de toujours. Cependant que des consommateurs loquaces s'empanachent dans des festins occultes entre des filles de lettres et des centurions jaspés de dettes et de boue.

Ah! nos seigneurs du niveau, aujourd'hui que le peuple est roi! si le roi le savait! il prendrait ce fer que vous lui avez introduit dans la main après lui avoir placé des écailles sur les yeux, et il vous marquerait au front.

Quoi ! c'est au nom de la misère publique dont le seul remède est dans le travail, et vous l'avez si bien senti que le travail vous a servi d'invocation, dérision amère ! C'est à ce nom sacré qu'une secte de paresseux systématiques et de consommateurs profanes s'est monstrueusement organisée pour détourner, pour tarir à son profitles ressources du travail et les bienfaits de la civilisation, et ces sectaires parlent au nom du peuple !

Ils rêvent au peuple, ils appellent au peuple, ils boivent au peuple, ils veulent mourir pour le peuple, ils mourront d'indigestion.

Voici ce qu'un homme du peuple français, un marchand de pots, arrière-petit-neveu du menuisier maître Adam, qui faisait la table et la chanson, leur dédie en toute conscience :

> La bienfaisance est par nos mœurs
> Associée à la misère.
> Le plus grand bonheur sur la terre
> Est celui d'étancher des pleurs.
> Mais que nul souci ne vous prenne
> Pour gens qui sont morts de faim, morts !
> S'ils n'ont pu, malgré leurs efforts,
> Tout manger dans une semaine.

L'humanité doit remplir la bouche d'un homme

affamé, elle ne se charge pas de remplir le tonneau des Danaïdes.

La France ne peut adopter ce tonneau qui, du reste, appartient à l'enfer, et la propriété de l'enfer n'est point un vol.

Communistes, qui prétendez renouveler les prodiges de la mégalanthropogénésie!

Qui êtes-vous? Que voulez-vous? D'où venez-vous? Répondez en votre nom seul, vous n'avez mandat de personne.

— *Nous sommes de grands hommes, nous voulons tout créer à notre taille, nous venons des plus hautes régions de l'esprit humain.*

— Descendez de vos échasses, créez, ne détruisez pas. Quant à vos régions, ce sont des nuages : la plus haute région de l'esprit humain, c'est la France, et vous n'êtes pas à sa hauteur.

Mais sachez donc que la France, moralement considérée, est la capitale des mondes, et ne peut devenir en commun le vil enjeu d'une spéculation du reste très-*sentimentale*. La France est honnête, la France est vraie, votre esprit est faux ; la France est noble et votre plan ne l'est pas.

Tantôt au nom de la religion, tantôt au nom de l'athéisme, vous déployez à tous vents l'étendard de la fraternité. Mais la France, qui, bien loin de reconnaître à votre voix le timbre de l'amour, n'a entendu que des menaces et des cris de haine, redoute à bon droit vos embrassements; elle ne voit dans les bras crispés que vous lui tendez qu'un moyen systématique pour opérer fraternellement la strangulation de la société.

Vous avez, dites-vous, découvert le moyen de purifier le monde. Eh bien! quand Jenner a trouvé le sien, il se vit forcé, pour imposer silence à l'incrédulité, d'expérimenter sur lui-même, imitez son exemple : expérimentez sur vous et les vôtres, embrassez-vous comme frères ; mettez-y le temps voulu pour que le charme opère, et si le procédé désinfecte, si l'amélioration devient sensible, si l'expérience réussit enfin sans que l'un en sorte taché, l'autre mordu, aussitôt les deux hémisphères n'offriront plus qu'une seule et même joue pour recevoir votre sacrement labial, et alors, mais alors seulement, vous serez portés au pontificat.